中华诵·经典素读教程系列

中华国学课本

ZHONGHUA GUOXUE KEBEN

第九册

张庆华 主编

五年级 ________ 班

姓名 ____________

中 华 书 局

顾　问

舒　悦　梁结银

主　编

张庆华

副主编

李　纯　张美如

编　委

张庆华　李　纯　张美如　谭曦文

徐　宏　廖洪毅　付晶晶　郑曼虹

责任编辑

祝安顺

装帧设计

刘　丽　王喜华

目录

对　联

编者的话

教育部2012年发布的最新修订版《小学语文课程标准》前言写道："语文课程还应通过优秀文化的熏陶感染，提高学生的思想道德修养和审美情趣，使他们逐步形成良好的个性和健全的人格，促进德、智、体、美诸方面的和谐发展。"《标准》还要求小学生背诵160篇优秀诗文。《中华国学课本》的编写，就是希望通过将丰富精深的传统文化内容课时化、情趣化、游戏化，让小学生寓学于玩，从而广泛深入地实践新语文课程标准。编写《中华国学课本》的目标，在于让孩子从道德评价、风俗习惯、交往礼仪、生活常识等方面去感受中华传统文化的独特魅力，使当代小学生能在学习过程中，正视祖国优秀的传统文化，吸取其精华，陶冶完美人格，开发自身的主体智慧，使识字、阅读、记忆、观察、思维、判断、想象、体能、灵感等方面的潜能得到更为科学、更为高效的开发和培养。

一、教材编写

（一）科学借鉴，精选适度

我们在编写教材时，尽可能实现如下目标：内容可读性强、编排线索简明、序列清晰、便于学生诵读和学习。通过对教材教法的研究，我们在"度、量、正、懂"四字上进行了反复斟酌。

1. 度：要讲求分寸的把握。少儿传统文化学习要做到适当、适度、适宜、适合。课本所编选的诗歌、古文、韵文等，内容贴近儿童的生活，朗朗上口，便于记诵。

2. 量：《中华国学课本》编选内容量的确定是以不增加学生学习负担为前提的。教材每册定位20课时，课文20篇，其中古诗6首，古文10篇，韵文4篇。一首诗一般最多56字，一段短文50字左右，韵文如《声律启蒙》节选80多字，都在课堂中完成学习，当堂读、背、画完成后，不再布置其他作业。

3. 正：《中华国学课本》课程的教学目标是对少年儿童进行德育与智育，尤其是情感的培养和陶冶，把真善美的东西教给孩子们。

4. 懂：我们是在引导学生初知或粗知的基础上来安排学习、诵读的。具体做法是，让学生初知一点，不深究。在学习过程中，凡是能够让学生开心地学、爽朗地读、创造性地嬉戏的形式，都是可以尝试的。

（二）内容丰富，设计创新

在编写时，我们也注意到了课堂教学的规范性和开放教学的灵活性：低年段内容的选编，多以表现儿童生活内容的篇章为主；中高年段则根据学生的认知能力和接受程度，编选优秀传统文化中有关为人处世、修身养性的篇目。编选时，尽量做到不与其他教科书内容重复。版块设置介绍如下：

1. **诵读**：诵读的方式可以是开放的，多种多样的，节奏读、韵律读、音乐读、相声版、京戏版、夫子版等都可以采用。

2. **注释**：设置注释的目的是帮助学生理解，因此对妨碍理解的字、词进行简洁的注释。

3. **诗意体悟**：本着浅显易懂、浅入浅出的原则，讲解诗文的内容和特色，让学生能基本了解即可，教学时也只是点到为止。

4. **阅读提示**：针对所选课文的内容和特点，进行具体的阅读指导。

5. **创意空间**：本版块的设置体现了体验化教学设计，课堂上师生一起以读、聊、诵、吟、画、玩的形式来进行学习。比如低年段的“我会这样涂涂画画”、中高年段的“诗情画意显身手”（我可以涂画、作诗、写对联）等，就是用读来完成学、用玩来理解意、用涂鸦等独特的创造和嬉戏，来表达和体现各自的情等，真正做到让学生体悟在诗意里，成长在无限的创造活动情趣中，既开发语言功能，又激发想象能力。

6. **汉字寻根和书写练习**：设置本版块，是希望学生通过观察、了解、欣赏、书写汉字，培养其对祖国汉字文化的喜爱之情，通过寻字、赏字、评字、写字，让学生从小养成眼中观字、心中想字、脑中记字、手写好字的优良习惯。“汉字寻根”只在古文部分设置。

7. **国学常识**：国学常识是对课文内容的补充和拓展。每册设置3课，所选均为中国人应知应会的国学常识，提供给学生自学，教师不进行讲解。

二、教学方法，易于操作

通过对教材的编选和教学实践，逐渐形成了系统完整、便于操作的教学模式——五步教学法，具体做法是：

1. **课前游戏学**：依据儿童爱玩的天性，在课前利用1—3分钟，让小组长或学习委员领同学一起吟诵、读唱、编演游戏。

2. **课中趣味学**：一看注释读，二想故事或典故读，三看阅读提示读。一是不加不减字；二是读准字音有韵味。

3. **同学玩读学**：彰显儿童的玩耍嬉戏之趣，让学生用自己喜欢的方式诵读，如节奏明快朗诵版、稚趣横溢相声版、摇头晃脑夫子版、韵律和声吟诵版等。

4. **师生同聊学**：师生同聊的课堂，聊中品读聊出情、聊中戏玩聊出趣、聊中感悟聊出智，让师生在课堂中，都能以轻松自如的状态去表达，去传递，去交流，去碰撞。

5. **诗情画意学**：课本设置有“创意空间”版块，是为了让孩子们更好地进行体验性、参与性学习，让孩子们的想象力自由地驰骋。每上完一课，孩子们心中有情、脑中有画、手中有笔，可以立即把自己的理解和想法都表现出来。

三、目标明确，积少成多

关于《中华国学课本》的使用，我们有如下建议。

一、二年级：每周利用一节正式语文课，上《中华国学课本》一课。另外利用每天的晨读时间逐渐完成《三字经》、《弟子规》、《千字文》、《百家姓》的背诵。

三、四年级：每周用一节正式语文课，上《中华国学课本》一到两课。用每天的晨读时间完成《声律启蒙》、《笠翁对韵》以及《大学》、《论语》节选的背诵。

五、六年级：每周用一节正式语文课，上《中华国学课本》一到两课。用每天的晨读时间完成《中庸》、《诗经》、《论语》、《孝经》、唐诗、宋词的选背。

这样，学生从一年级起至六年级，六年间可积累诵读约300多首古诗文和部分整本的经典名著。相信这些优秀篇目的学习，必将提升孩子们儒雅淳静的气质，为孩子们以后的“薄发”奠定比较扎实的基础。

四、家校互动，有效评价

在课程学习中，引入评价环节，提倡师生同评、学生自评、同伴互评、亲子共评，设置针对学生学习、教师教学、班级整体情况的测评表。

一是设计了针对学生的《中华国学课本》学习情况测评表（见附表1），评分标准采用百分制，具体要求包括：1.集体诵读展示，所有同学参与；2.诵读时字正腔圆，声情并茂；3.诵读形式多样，趣味性强；4.分组表演中，大方自信，各展所长；5.对《中华国学课本》的熟悉程度；6.能进行个性创作，书、画整洁漂亮。

二是设计了针对教师使用的《中华国学课本》教学情况明细表（见附表2）。

三是设计了针对班级整体的《中华国学课本》班级情况测评表（见附表3），评分采用“优、良、中”等级制，具体要求为：1.优：95%的同学能熟练背诵，节奏感强；2.良：90%的同学能通背，正确、通顺、流畅；3.中：80%的同学能通背，正确、通顺、流畅。

附表 1：

《中华国学课本》学习情况测评表

班　级	诵　读	表　演	创　作	综合得分

附表 2：

《中华国学课本》教学情况明细表

<table>
<tr><td>年级 / 班级</td><td></td><td>授课老师</td><td></td><td>学生人数</td><td></td></tr>
<tr><td>规定课时</td><td></td><td>已上课时</td><td></td><td>补上课时</td><td></td></tr>
<tr><td rowspan="3">教学完成情况</td><td>学一带一</td><td colspan="4"></td></tr>
<tr><td>涂鸦创作</td><td colspan="4"></td></tr>
<tr><td>师生评价</td><td colspan="4"></td></tr>
<tr><td rowspan="4">抽查效果</td><td>熟练通背人数</td><td colspan="4"></td></tr>
<tr><td>古诗背诵效果</td><td colspan="4"></td></tr>
<tr><td>古文背诵效果</td><td colspan="4"></td></tr>
<tr><td>韵文背诵效果</td><td colspan="4"></td></tr>
<tr><td>教师教学感悟、意见及建议</td><td colspan="5"></td></tr>
</table>

附表 3：

《中华国学课本》班级情况测评表

班级人数情况			诵读效果			创作效果	
班级	应到人	实到人	古诗	古文	韵文	涂鸦	诗、文创作

张庆华

2013 年 3 月

古诗

在这一册里，我们编入了四首古诗两首词。《日出行》描写了一个家庭主妇为了一家人的生计而忙碌奔波，启示我们会体谅父母的辛劳；《客至》告诉我们与邻里相处要懂得分享；《书端州郡斋壁》是铁面无私的包拯流传下来的唯一佳作，警示后人活着就应该刚正不阿、秉公任直；《四时田园杂兴》带给我们的依然是耳目一新的田园风情，让我们学会珍惜和享受大自然所赐予的财富；《浪淘沙》把我们带进了聚散离愁之中，回味人生，珍惜拥有；《满江红》是继《念奴娇 · 赤壁怀古》之后的又一首气势磅礴、踌躇满志的词作，诵读可叫人热血沸腾。

1 日出行

〔明〕张 绅

东方曈曈日初出，
田家少妇当窗织。
屋头树稀窗有光，
小姑催起不暇妆。
长梭轧轧秋丝密，
一日上机催一匹。
丁宁小郎慎勿啼，
织成令汝穿完衣。

注 释

① 张绅：明代诗人、书法家。
② 催：赶。
③ 丁宁：叮嘱。
④ 完衣：指新衣。

天刚亮，嫂嫂便借着窗子透过的光线织起布来，爱美的小姑也顾不上梳洗打扮便开始辛勤劳作。机杼轧轧作响，布匹一日即成，叮嘱家中小儿千万别哭闹，等到织成了布匹为他做新衣。

这是一幅贫家姑嫂早起编织图。日出而作的紧张纺织中，显露姑嫂的勤勉、和睦以及对家中小郎的关爱之情，洋溢着家庭的温馨，很平淡又很感人,不假雕饰而自然清新。朗读时，一至三句节奏明快，体现工作的繁忙；第四句可读得舒缓深情，饶有趣味。

 1. 我会自读、自吟，找同学一起诵读。

 2. 书写练习：照样子书写下面的文字。

东方曈曈日初出，田家少妇当窗织。

屋头树稀窗有光，小姑催起不暇妆。

古诗

3. 诗情画意显身手。（我可以涂画、作诗、写对联）

2 客　至

〔唐〕杜　甫

舍南舍北皆春水，
但见群鸥日日来。
花径不曾缘客扫，
蓬门今始为君开。
盘飧市远无兼味，
樽酒家贫只旧醅。
肯与邻翁相对饮，
隔篱呼取尽余杯。

注　释

① 客至：客人到访。
② 盘飧(sūn)：泛指各类菜肴。
③ 兼味：菜肴品类多。
④ 樽：酒器。
⑤ 旧醅(pēi)：隔年的陈酒。

草堂四周，春水荡漾，群鸥翩飞。客人正是在这春光明媚之日来访草堂。庭中院落里长满花草的小路还没有因为客至而打扫过，一向紧闭的家门才特地为君打开。草堂离市太远，家中贫寒，盘中没有好菜肴，只有陈酒招待。两位挚友开怀畅饮，酒意正浓之时，诗人隔着篱笆唤来邻翁共饮作陪。

这是一首洋溢着浓郁生活气息的纪事诗。诗人初到成都，草堂四周无亲无故，花径不扫，蓬门常关，时与田父野老相往还。今有崔县令来访，诗人自然十分高兴。此诗写出了诗人迎接、款待客人时的热情、质朴、亲切和率直。朗读时语调亲切，如话家常。

 1. 我会自读、自吟，找同学一起诵读。

 2. 书写练习：照样子书写下面的文字。

盘飧市远无兼味，樽酒家贫只旧醅。

肯与邻翁相对饮，隔篱呼取尽余杯。

3. 诗情画意显身手。（我可以涂画、作诗、写对联）

3 书端州郡斋壁

〔宋〕包　拯

清心为治本，
直道是身谋。
秀干终成栋，
精钢不作钩。
仓充鼠雀喜，
草尽兔狐愁。
史册有遗训，
毋贻来者羞。

注　释

① 包拯：包青天。
② 端州：今广东肇庆。
③ 不作钩：不弯曲。
④ 鼠雀：指贪官污吏。
⑤ 来者：后人。

做人之本就是要谋求直道而去贪念。好木料终能成为栋梁，好钢材总能坚强不屈，不因别人的施舍而喜忧，牢记先贤留下的立身之道，千万别让后人想到自己时觉得羞耻。

这首诗是包拯一生为官做人的光辉写照。这首诗写在广东端州（今广东肇庆）郡守府第的墙壁上，体现了包拯刚正不阿的铮铮风骨。“秀干终成栋，精钢不作钩”一句诠释了“是金子就要发光”的深刻道理，给了我们启示和力量。朗读时，要读出豪迈，展现正气。

 1. 我会自读、自吟，找同学一起诵读。

 2. 书写练习：照样子书写下面的文字。

清心为治本，直道是身谋。

秀干终成栋，精钢不作钩。

3. 诗情画意显身手。（我可以涂画、作诗、写对联）

4 四时田园杂兴

〔宋〕范成大

（一）

步屧寻春有好怀，
雨余蹄道水如杯。
随人黄犬搀前去，
走到溪边忽自回。

（二）

拨雪挑来踏地菘，
味如蜜藕更肥醲。
朱门肉食无风味，
只作寻常菜把供。

注释

① 步屧（xiè）：行走。
② 蹄道：指马走过的道路。
③ 搀前：抢先。
④ 踏地菘：今名塌棵菜，贴地而生。
⑤ 朱门肉食：这里泛指富贵人家。

（一）：春雨过后漫步田园心情格外好，马蹄印迹中的积水如盛在杯中一般，跟随同行的黄犬也要抢先奔去，来到溪边却又因无路可走而忽然扭身返回。

（二）：经过寒雪冰冻的踏地菘风味格外之美，可那些朱门中的人，只知道吃肉，不懂得品尝，只把它当作平常的菜蔬看待。

（一）：展现的是雨后转晴的田园风光。漫步郊外原本就很悠闲浪漫了，再加上黄犬的陪伴，人、动物和大自然的和谐之美不言而喻。朗读时，语调活泼，节奏明快，体现出心情之美。

（二）：体现了诗人对生活的一种态度，雪中的踏地菘看似平常，可用心咀嚼品尝，就有着独特的风味。其实生活也是如此，只要我们善于珍惜，就会发现其中的精彩美好，因而朗读时，要饶有兴味。

 1. 我会自读、自吟，找同学一起诵读。

 2. 书写练习：照样子书写下面的文字。

随人黄犬搀前去，走到溪边忽自回。

朱门肉食无风味，只作寻常菜把供。

3. 诗情画意显身手。（我可以涂画、作诗、写对联）

5 浪淘沙

〔宋〕欧阳修

把酒祝东风，且共从容。垂杨紫陌洛城东。总是当时携手处，游遍芳丛。　聚散苦匆匆，此恨无穷。今年花胜去年红。可惜明年花更好，知与谁同？

注释

① 从容：留连不去。
② 苦：太，过于。
③ 同：共同游赏。

诗意体悟

冬去春来，繁华的洛城之东，路旁已是垂柳依依，春意盎然。还记得吗？去年此时，也是在这里，你我携手相伴，在芳草花丛中尽情地赏春游芳。人间聚散总是苦于太匆匆，让人引起无穷的怨恨。今年的花儿比去年的还鲜艳美丽。也许明年的花儿会格外美好，艳丽动人，可惜的是，不知道谁是与我一同赏花的人。

春天，欧阳修与友人梅尧臣在洛阳城东旧地重游，有感而作《浪淘沙》。词从追忆昔日携手游玩的欢乐，到今日独自赏花的孤独，再到叹惜明日渺茫不可预料的苦闷，在时间上跨了去年、今年、明年，空间上由聚合到分散，抒发了人生聚散无常的感叹。语言朴素自然，洒脱清新。朗读时，舒缓深情，读出与朋友相聚的期待，对美好事物的珍惜与留恋。

 1. 我会自读、自吟，找同学一起诵读。

 2. 书写练习：照样子书写下面的文字。

今年花胜去年红。可惜明年花更好，知与谁同？

3. 诗情画意显身手。（我可以涂画、作诗、写对联）

6 满江红

〔宋〕岳飞

怒发冲冠，凭栏处、潇潇雨歇。抬望眼，仰天长啸，壮怀激烈。三十功名尘与土，八千里路云和月。莫等闲、白了少年头，空悲切！　　靖康耻，犹未雪。臣子恨，何时灭！驾长车，踏破贺兰山缺。壮志饥餐胡虏肉，笑谈渴饮匈奴血。待从头，收拾旧山河，朝天阙。

注释

① 岳飞：南宋抗金名将。
② 冠：帽子。
③ 潇潇：形容雨大。
④ 等闲：随便。
⑤ 贺兰山：山名，泛指金人占据的地方。
⑥ 缺：山口。
⑦ 朝天阙：朝见皇帝。

我怒发冲冠，独自登高凭栏，抬头远望天空一片高远壮阔。我禁不住仰天长啸，一片报国之心充满胸怀。多少年来驰骋疆土，艰苦奋战，立下硕硕功勋，这功名如同尘土。好男儿，要抓紧时间为国建功立业，不要空空将青春消磨，等年老时徒自悲切。靖康年间的奇耻大辱，至今也不能忘却。我一定会驾上战车，踏破敌阵，横扫金兵，待我重新收复旧日山河，再向皇帝报告胜利的消息。

这是一首气壮山河、传诵千古的名篇。陈廷焯评此词：“何等气概！何等志向！千载下读之，凛凛有生气焉！”其词英勇悲壮，高亢激越，唱出千百年来爱国的热血之士精忠报国的英雄气概。

 1. 我会自读、自吟，找同学一起诵读。

2. 书写练习：照样子书写下面的文字。

抬望眼，仰天长啸，壮怀激烈。三十功名尘与土，

八千里路云和月。莫等闲、白了少年头，空悲切！

3. 诗情画意显身手。（我可以涂画、作诗、写对联）

灿烂的中药文化

小朋友，你知道吗？中医药学可谓是源远流长，宝藏丰富，是我国人民在和疾病作斗争中产生的智慧结晶。

一、悠久的历史

大约在100万年前，我们的祖先在采集野果和植物根茎来填饱肚子的劳动中，经过无数次的尝试，逐渐认识到有些植物是可以治一些病症的，就这样，他们渐渐地积累了一些关于植物药的知识。

后来，进入氏族公社以后，狩猎和捕鱼已成为人们生活食物的重要来源，于是他们又发现一些动物具有治疗疾病的作用。这样，我们的祖先又认识到了一些动物药材。

到了夏和商朝，随着酒和汤液的发明，中药的应用就正式开始了。

周朝时期，医生的分工更加明细，人们开始总结中药治疗的经验，就有了专门记载药物研究的早期文献和药物学专著，还产生了许多著名的医药学家。你一定听说过神医华佗吧？他第一个创制了全身麻醉剂——麻沸散。而西方正式发明麻醉药还是在19世纪初才开始，足足比我们晚了1600多年呢。

后来，历经唐、宋、元、明、清时期，每朝统治者都组织编订过具有药典性质的药学专著，并向全国颁行。中医药学不断达到新的高度。

二、中医学典籍

中医学典籍的产生，说明我们的祖先不但在行医治病中积累了丰富的实践经验，而且对各种病症和药物药理都有了系统的理论总结。这里给大家介绍两本最有名的医书。

1.《黄帝内经》

《黄帝内经》又称《内经》，是我国第一部中医理论典籍、养生宝典，也是世界上现存最古老的、最完整的一部医学著作。它是经过了很长一段时间由很多医生和学者写成的，托名为“黄帝”。在养生学方面也是集大成的。其养生思想极其丰富，基本原则是“顺自然，保正气”。在中华民族近2000年繁衍生息的漫漫历史长河中，《黄帝内经》的医学主导作用及贡献功不可没。

2.《本草纲目》

《本草纲目》由明代的李时珍所著。李时珍出于中医世家，从小就钻研医术，加上医德高尚，很早就声誉卓著。后来，他在实践中发现一些药物书中存在不少的错误和遗漏，就下决心重新编一本新的、更全面科学的药物专书。他从34岁开始，一边博览群书，一边向药家、樵夫、猎人、渔民等劳动群众请教，还亲自到深山旷野考察收集标本。经过27年的努力，在他60岁时终于编著完成《本草纲目》这部巨著，书中共记载药物892种，其中植物1195种，动物340种，矿物357种，是我国有史以来记录最多最准确的药物学著作。

李时珍像

（撰稿:深圳福田景莲小学　文国峰）

古文

圣人之道，博大精深。这一册古文选编从心系天下的“大道、大爱”处着手，字里行间富有了更多的内涵与大气。从中我们知晓“好而知其恶，恶而知其美”的修身之道；“尧舜率天下以仁而民从之”的治国之道；“博也，厚也，高也，明也，悠也，久也”的天地之道；“穷则独善其身，达则兼善天下”的忠义之道；“有无相生，难易相成”的永恒之道；“有志向，遂能磨砺，以就素业”的成功之道。从而实现“知常容，容乃公，公乃全，全乃天，天乃道，道乃久，没身不殆”。

7 修　身

所谓齐其家在修其身者，人之其所亲爱而辟焉，之其所贱恶而辟焉，之其所畏敬而辟焉，之其所哀矜而辟焉，之其所敖惰而辟焉，故好而知其恶，恶而知其美者，天下鲜矣。

《大学》节选

注　释

① 辟：通“僻”，偏颇，偏向。
② 敖惰：傲慢怠惰。敖，通傲。
③ 鲜：少

所谓齐其家在于修养自身，意思是说，一般不能修身的人，对于自己所亲爱的人，往往有过分亲爱的偏向；对于自己所轻贱厌恶的人，往往有过分轻贱厌恶的偏向；对于自己所畏服敬重的人，所哀怜矜恤的人，所傲视慢待的人，亦是如此。所以，喜欢某人同时又知道他的缺点，厌恶某人同时又知道他的优点，普天下这种人很少了。

正己心，知正伦，明正理，蕴正情，修身而得正德，故能齐其家。亲爱乃出于仁本，畏敬乃出于恭诚，贱恶乃出于理度，哀怜乃出于悯惜。揣其情，入其境，自然读出其味。诵读这段话，突显“人”之苍劲，由内而外逐渐生发“亲爱”、“贱恶”、“畏敬”、“哀矜”、“敖惰”之情，体悟“好而知其恶，恶而知其美”之难能可贵，直至“天下鲜矣”一声感慨，韵味无穷。

小篆

隶书

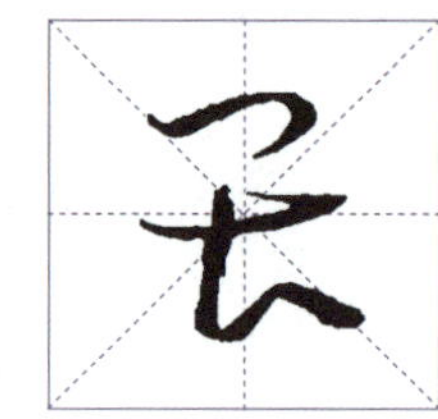
草书

行书

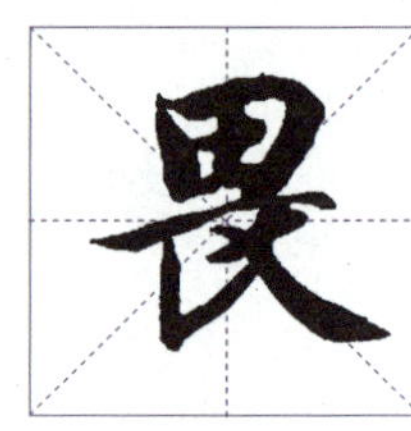
楷书

畏：会意字。在甲骨文与金文中，它的右边是“鬼”，右边是棍棒，表示鬼拿着棍棒令人赶到畏惧。畏本义就是“恐惧”，从古到今，字义没有太大的变化。

1. 我会自读、自吟，找同学一起诵读。

2. 书写练习：照样子书写下面的文字。

所谓齐其家在修其身者，人之其所亲爱而辟焉……

故好而知其恶，恶而知其美者，天下鲜矣。

3. 诗情画意显身手。（我可以涂画、作诗、写对联）

8 齐家

尧舜率天下以仁，而民从之；桀纣率天下以暴，而民从之。其所令反其所好，而民不从。是故君子有诸己而后求诸人，无诸己而后非诸人。所藏乎身不恕，而能喻诸人者，未之有也。故治国在齐其家。

注释

① 恕：即恕道。

② 喻：使别人明白。

《大学》节选

尧舜用仁政统率天下，于是人们就跟从他们学仁爱；桀纣用暴政统率天下，于是人们就跟从他们学残暴。国君的政令与他本人的爱好相反，人民就不肯依从了。所以，国君自己有了好的德行，才能去要求别人；没有坏的习性，才能去批评别人。藏在自身的思想根本没有这种推己及人的恕道，而能有效地晓谕别人的，那是未曾有过的事。所以说，君主要治好国家，在于先治好自己的家庭。

德善化育，无所不至。推己以及人，所谓恕也。本文由故事入理，晓谕发而为仁，出而正天下的道理。诵读这段话，抓住前两句的“仁”与“暴”，“民从之”与“民不从”读出对比与变化。“是故”之后是对前文的归结和咏叹，有告诫之味，当怀“恕”在心，亲和道之。

		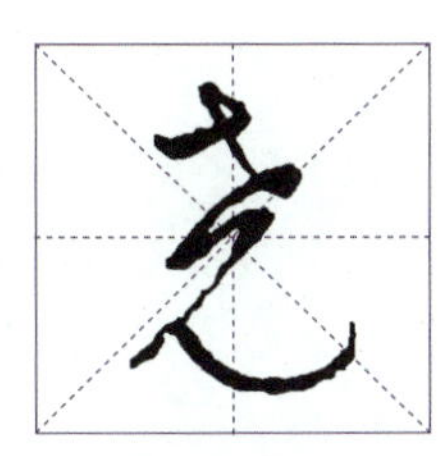	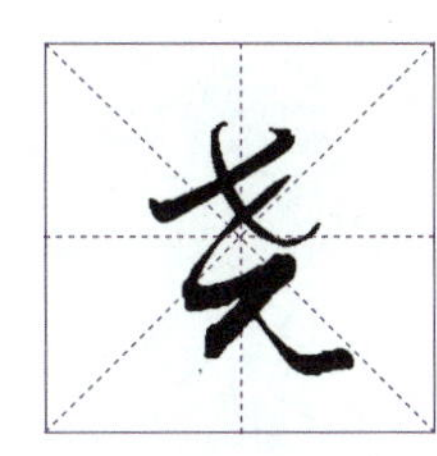	
小　篆	隶　书	草　书	行　书	楷　书

尧：字形像一堆土架于人之上。土堆起来就有“高”的意思，再架于人上就有了更高的含义。古人对“尧”极其崇拜，古书中的“尧年”、“尧天”都用来比喻理想中的太平盛世。

 1. 我会自读、自吟，找同学一起诵读。

 2. 书写练习：照样子书写下面的文字。

是故君子有诸己而后求诸人，无诸己而后非诸人。所藏乎身不恕，而能喻诸人者，未之有也。故治国在齐其家。

 3. 诗情画意显身手。（我可以涂画、作诗、写对联）

9 天　道（一）

天地之道可壹言而尽也。其为物不贰，则其生物不测。天地之道，博也，厚也，高也，明也，悠也，久也。今夫天，斯昭昭之多，及其无穷也，日月星辰系焉，万物覆焉。

注释

① 昭昭：光明。
② 无穷：无尽，无限。

《中庸》节选

天地的道理可以用一句话概括尽了，天地作为事物来讲是诚壹不贰的，那么其化生万物的奥秘就深不可测了。天地的道理，广博、深厚、高大、光明、悠长、久远。现在讲这天空，说小，就这么一块昭明的所在，而论及它的无穷，上面悬挂着日月星辰，下面覆盖着神州万物。

“诚者物之终始，不诚无物。” 天道之诚表现在天地之生物成物上。这段话，情在字里，意在言外。细细品读“博”、“厚”、“高”、“明”、“悠”、“久”等字，用心感悟天地之道的深不可测。诵读时，以“诚”入文，带着思考与想象，读得大气，读得深远，读出意蕴。

小篆

隶书

草书

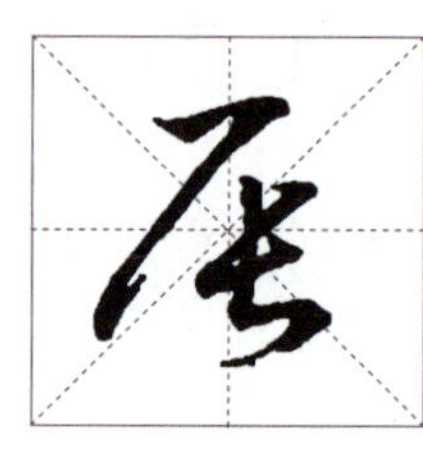
行书

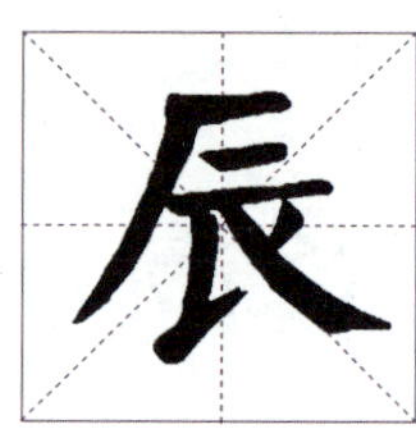
楷书

辰：象形字。它最早的写法就好像一直身体舒展，在水中游泳的大蚌，本义是“蚌之类软体动物”。后来这个字被借用为地支之一，与十二生肖中的“龙”相对应。

1. 我会自读、自吟，找同学一起诵读。

 2. 书写练习：照样子书写下面的文字。

天地之道，博也，厚也，高也，明也，悠也，久也。今夫天，斯昭昭之多，及其无穷也，日月星辰系焉，万物覆焉。

 3. 诗情画意显身手。（我可以涂画、作诗、写对联）

10 天道（二）

今夫地，一撮土之多，及其广厚，载华岳而不重，振河海而不泄，万物载焉。今夫山，一卷石之多，及其广大，草木生之，禽兽居之，宝藏兴焉。今夫水，一勺之多，及其不测，鼋鼍、蛟龙、鱼鳖生焉，货财殖焉。

注释

① 卷：通“拳”。

② 不测：不可测度，指浩瀚无涯。

《中庸》节选

现在讲这大地，就这么一把土的大小，论及它的广阔和深厚，承载华山而不觉沉重，容纳黄河、大海而不会泄露，上面承载着万物。现在讲这山，说小就这么拳头般大小的石头，论及它的高大，草木在山上生长，禽兽在山中居住，宝藏从山内开发。现在讲这水，说小，就这么小小的一勺，论及它的深广不测，生养着鼋鼍、蛟龙、鱼鳖，生殖着种种财富。

此文承接前文，以“天”、“地”、“山”、“水”为例，阐述天道至诚不贰不息，积小为大，积少为多，从而承载万物、覆盖万物、生成万物的道理。诵读这段话，首先正其字音，读得清晰准确，而后构其画面，读得流畅自然。读出“秉德无私，参天地兮”的感慨。

小　篆

隶　书

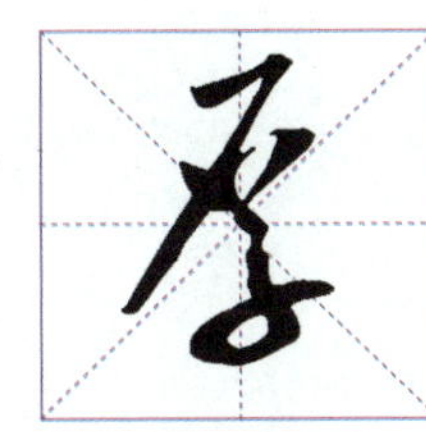
草　书

行　书

楷　书

厚：形声字。上部为“厂”形，下部像一个敞口尖底的酒坛，提示读音。“厚”与“薄”是相对的，现在也引申为“深”、“重”、“厚道”。

1. 我会自读、自吟，找同学一起诵读。

2. 书写练习：照样子书写下面的文字。

今夫地，一撮土之多，及其广厚，载华岳而不重，振河海而不泄，万物载焉。

3. 诗情画意显身手。（我可以涂画、作诗、写对联）

11 穷　达

（孟子）曰："尊德乐义，则可以嚣嚣矣。故士穷不失义，达不离道。穷不失义，故士得己焉；达不离道，故民不失望焉。古之人，得志，泽加于民；不得志，修身见于世。穷则独善其身，达则兼善天下。"

《孟子·尽心上》节选

注　释

① 嚣嚣（xiāo）：自得无欲的样子。

② 得己：犹言"自得"。

孟子说："崇尚德，喜爱义，就可以自得其乐。所以，士人穷困时，不失掉义；得意时，不离开道。失意时不失掉义，所以自得其乐；得意时不离开道，因此百姓不致失望。古代的人，得意，惠泽普施于百姓；不得意，修养个人品德，以此表现于世人。穷困便独善其身，得意便兼善天下。"

这段话代表了孟子对待人生穷达的豁达与乐观，与孔子的“用之则行，舍之则藏”表达了相似的人生态度与精神气度。诵读这段话，带上“尊德乐义嚣嚣矣”的心境，读出“独善其身”的清高，诵出“兼善天下”的豪情。

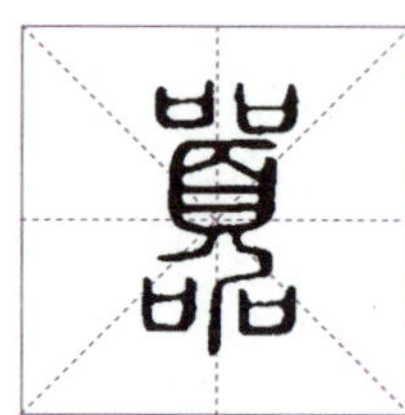	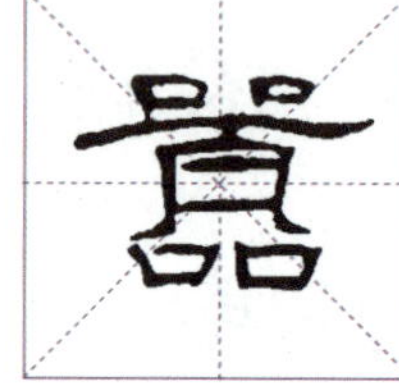		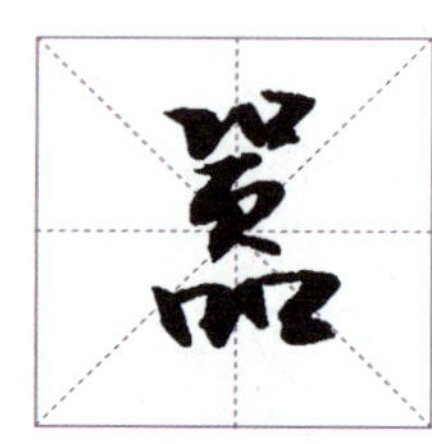	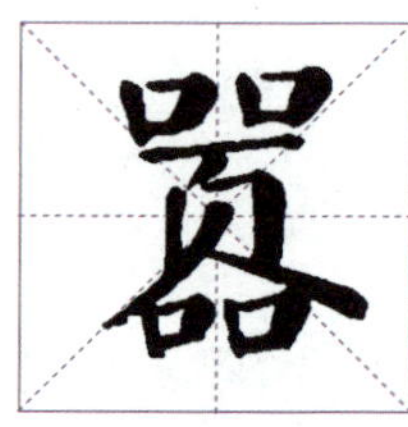
小篆	隶书	草书	行书	楷书

嚣：会意字。“页”是人头，周围四张口，表示非常喧哗或吵闹。现在还有“嚣张”一词，表示“放肆”、“跋扈”的意思。

 1. 我会自读、自吟，找同学一起诵读。

2. 书写练习：照样子书写下面的文字。

古之人，得志，泽加于民；不得志，修身见于世。

穷则独善其身，达则兼善天下。

3. 诗情画意显身手。（我可以涂画、作诗、写对联）

12 无为

天下皆知美之为美，斯恶已；皆知善之为善，斯不善已。故有无相生，难易相成，长短相形，高下相倾，音声相和，前后相随。是以圣人处无为之事，行不言之教。万物作而不为始，生而不有，为而不恃，功成而弗居。夫唯弗居，是以不去。

注释

① 斯：则，就。

② 无为：顺其自然。

《道德经》第二章

天下都知道美之所以为美，就显露出丑了；都知道善之所以为善，就显露出不善了。故而有与无互相依存，难与易相反相成，长与短互相比较，高与下互相依靠，音与声互相和谐，前与后互相跟随。因此，圣人用无为的方式处事，实行不言的教化；万物兴起而不首倡，生养万物而不占有，培育万物而不倚仗，功业成就而不居功。正因为不居功，因此他的功业不会泯没。

这段话阐述了万物相反相成、相互转化的永恒规律。“美与恶”、“善与不善”、“有与无”、“难与易”、“长与短”、“高与下”、“音与声”、“前与后”，互相对立中又相互依存。本文结构整齐，音韵上口，虚实相应，两两相对。

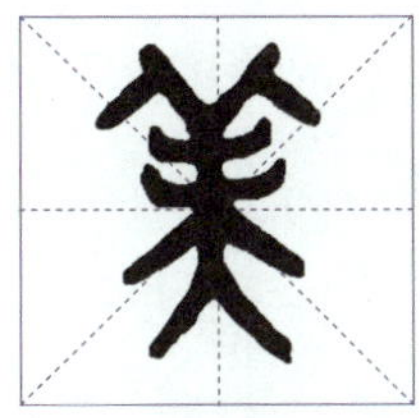

小篆

隶书

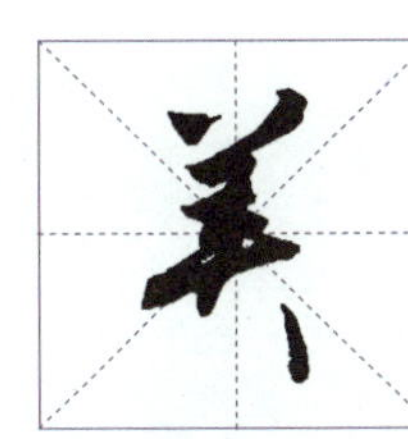

草书

行书

楷书

美：象形字。一个人的头上带着羽毛之类的装饰物，显得威武而好看，这就是“美”了，指人的样子好看。现在所有美好的事物都可以用这个字来形容。

 1. 我会自读、自吟，找同学一起诵读。

2. 书写练习：照样子书写下面的文字。

以圣人处无为之事，行不言之教；万物作而不为始，生而不有，为而不恃，功成而弗居。夫唯弗居，是以不去。

3. 诗情画意显身手。（我可以涂画、作诗、写对联）

13 虚　静

致虚极，守静笃。万物并作，吾以观复。夫物芸芸，各复归其根。归根曰“静”，静曰“复命”。复命曰“常”，知常曰“明”。不知“常”，妄作凶。知“常”容，容乃公，公乃全，全乃天，天乃道，道乃久，没身不殆。

《道德经》第十六章

达到极端的空虚无欲，坚守彻底的清静无为。万物一起生长，我来观察其中循环往复的规律。万物纷繁众多，各自回归根本。回归根本叫“静”，静叫“复命”，复命叫“常”，认识把握“常”叫“明”，不认识把握“常”，就会轻举妄动干出凶险之事。能够认识把握“常”就能包容，能够包容就能公正，能够公正就能周全，能够周全就能符合天地自然，能够符合天地自然就能符合道，能够符合道就能长久，终身没有危险。

司马迁说："李耳无为自化，清静自正。"这段话强调"致虚"和"守静"，重在修身。诵读时，以空明、恬淡之心入文，吟之、诵之，静思之，体悟"归根"、"复命"之真性。后一句顶针的句式，四环往复，朗读时读出节奏，读出妙趣。

小篆

隶书

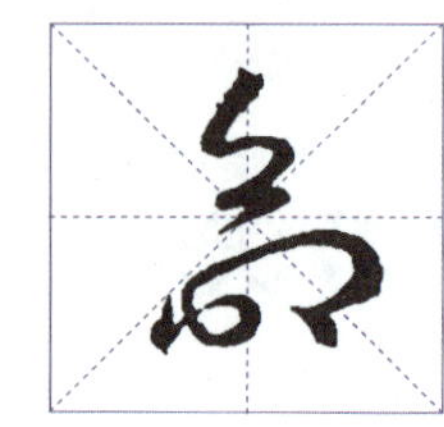

草书

行书

楷书

命：甲骨文中的"令"和"命"是相同的，都是一个大伞盖下，一个面朝左跪坐的人在发布命令，"命令"是"命"的本义，至于"性命"，"生命"等含义都是后起的。

 1. 我会自读、自吟，找同学一起诵读。

2. 书写练习：照样子书写下面的文字。

不知“常”，妄作凶。知“常”容，容乃公，公乃全，全乃天，天乃道，道乃久，没身不殆。

3. 诗情画意显身手。（我可以涂画、作诗、写对联）

14 易简

乾以易知，坤以简能。易则易知，简则易从。易知则有亲，易从则有功。有亲则可久，有功则可大。可久则贤人之德，可大则贤人之业。易简而天下之理得。天下之理得，而成位乎其中矣。

注释

① 易：简单。
② 成位：定位。

《周易·系辞上》节选

乾因为单一所以能够主宰，坤因为简约所以富有能力。单一则容易知晓，简约则容易随从。容易知晓则有亲和，容易随从则有功成。有所亲和就可以长久，有所功成就可以壮大。可以长久，就是贤人的品德；可以壮大，就是贤人的事业。遵从易简便得到了天下之理。得到了天下之理，便可以为天地立人而有圣贤的位置了。

天下人行天下事，天下事有天下理，理正则事不悖，所有的事情都逃不出“易简”这个至理。这段话层层递进，环环相扣，读来入心入耳。可吟诵，可对接，可回环。亲和道之，逐渐明朗，逐渐上扬，至末句读出“天下之理得”的自然与大气，最后回归“成位乎”的气定神闲。

	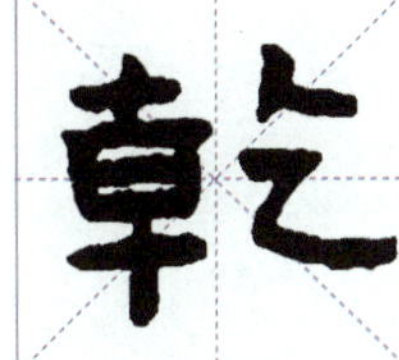			
小　篆	隶　书	草　书	行　书	楷　书

乾：八卦中的第一卦，也是最重要的一卦，表示的是“天”。而这个字本应读作“gān”，意思是“向上生长、上升”，也引申为“干燥”。今天，“乾”（gān）已经简化为“干”，但“乾”（qián）却单独作为一个字保留了下来。

 1. 我会自读、自吟，找同学一起诵读。

 2. 书写练习：照样子书写下面的文字。

易知则有亲，易从则有功。有亲则可久，有功则可大。可久则贤人之德，可大则贤人之业。

 3. 诗情画意显身手。（我可以涂画、作诗、写对联）

15 志　业

有志尚者，遂能磨砺，以就素业①；无履立②者，自兹堕③慢，便为凡人。人生在世，会当有业：农民则计量耕稼，商贾则讨论货贿，工巧则致精器用，伎艺则沉思法术，武夫则惯习弓马，文士则讲议经书。

《颜氏家训·勉学》节选

注释

① 素业：儒素事业。

② 履立：指想成就功业。

③ 堕：通“惰”。

有志向的人，才能经得起磨炼，成就儒家事业；没有志向，缺乏毅力的人，从此懈怠，就成了平庸之人。人生在世，应当从事一项职业：农民盘算核计耕种庄稼，商人就要商谈买卖交易，工匠致力于制造精巧的器物，艺人潜心钻研技艺，武士经常练习骑马射箭，文人讲解议论经书。

宝剑锋从磨砺出。立志向学，成就事业就需要恒心与毅力。这段话读来明白晓畅，语重心长。前一句四字一停顿，富有节奏，读出“有志尚者”与“无履立者”的对比。后一句抓住“计量”、“讨论”、“致精”、“沉思”、“惯习”、“讲议”等词，揣摩其声音、神情、动作，体会其勤勉。可诵，可演，可玩，还可进行智趣的创作。

				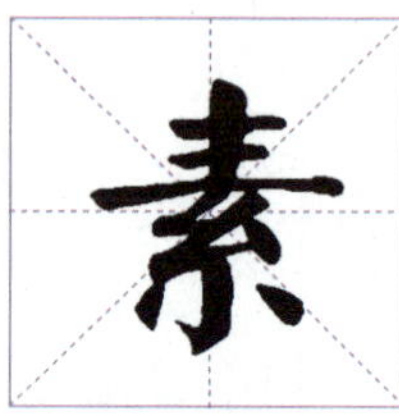
小 篆	隶 书	草 书	行 书	楷 书

素：象形字。双手捧着白色的丝织品。“素”的本义是指细密而没有颜色的丝织品，后来泛指白色的衣服。现在，人们也用“素”来表示心地淳朴、操守高洁等意思。

 1. 我会自读、自吟，找同学一起诵读。

2. 书写练习：照样子书写下面的文字。

有志尚者，遂能磨砺，以就素业；无履立者，自兹堕慢，便为凡人。人生在世，会当有业……

3. 诗情画意显身手。（我可以涂画、作诗、写对联）

16 玉德

夫玉者，君子比德焉。温润而泽，仁也；栗而理，知也；坚刚而不屈，义也；廉而不刿，行也；折而不桡，勇也；瑕适并见，情也；扣之，其声清扬而远闻，其止辍然，辞也。故虽有珉之雕雕，不若玉之章章。《诗》曰：“言念君子，温其如玉。”此之谓也。

注释

① 桡（náo）：弯曲。

② 适：善，美好。

《荀子·法行》节选

这宝玉，君子用来比拟品德：它温柔滋润而有光泽，好比仁；坚硬而有纹理，好比智；刚强而不屈，好比义；有棱角而不割伤人，好比行；即使折断也不弯曲，好比勇；缺陷和美好都暴露在外，好比诚；敲它，声音清越远扬，戛然而止，好比言辞之美。所以，即使珉石带着彩色花纹，也比不上宝玉那样洁白明亮。《诗》云：“我真想念君子，温和得就像宝玉。”说的就是这道理。

谦谦君子，温润如玉。孔子认为，“君子之德”与“玉之德”之间存在着“天人合一”的关系。巧妙的比德让本文多了几分意蕴。诵读时，带着思考与想象，感悟“仁”之温润、“智”之栗理、“义”之坚刚、“行”之方正、“勇”之宁折不弯、“情”之诚实坦荡、“辞”之清脆远扬。读出对玉的喜爱，对君子的崇尚。

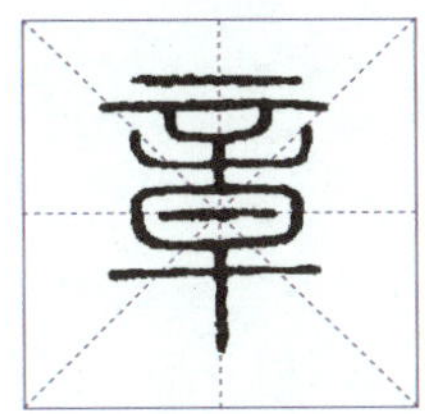	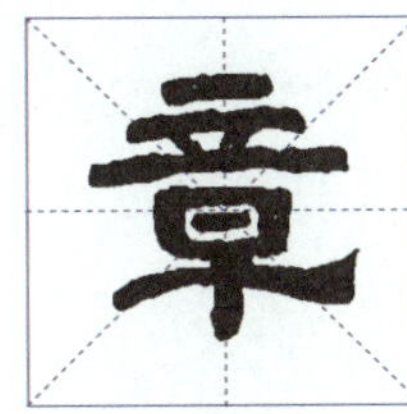			
小 篆	隶 书	草 书	行 书	楷 书

章：古代乐曲结束为一章，由乐章引申为乐书的篇章，即诗歌，又引申为文章的章节，又引申为规章、条理。（《王力古汉语字典》）

 1. 我会自读、自吟，找同学一起诵读。

2. 书写练习：照样子书写下面的文字。

故虽有珉之雕雕，不若玉之章章。《诗》曰："言念君子，温其如玉。"此之谓也。

3. 诗情画意显身手。（我可以涂画、作诗、写对联）

辉煌的青铜文化

小朋友，你看到过青铜器吗？想了解它的历史吗？

一、悠久的历史，灿烂的文明

散氏盘

大约在至少4000年前，人们开始使用青铜来冶铸青铜器。青铜是一种将铜和锡（或者铅）配合在一起熔铸的合金。后来它便逐渐流行起来，取代了一部分石器、木器、骨器和红铜器，成为了人们生产生活中重要的组成部分。一直到战国末年、秦汉时期，随着铁器和陶器的大量出现，青铜器才渐渐从人们的生活中淡出。

因此可以说，青铜器的风光历史前后长达1500年之久。

二、品种丰富，制作精湛

据统计，已出土的商代和西周时期的铸有铭文的青铜器有一万多件，没有铭文的铜器更是好几万件。主要有酒器、食器、水器、乐器、兵器、农具与工具、车马器、各种生活用具、货币、玺印等等。其中大部分都会设计精致的造型、精彩的花纹，甚至有的还会镶上金银、玉石等。

秦公镈

由此可见，早在商代与西周时期，我国劳动人民就掌握了发达的采矿与冶炼技术，并具备了的制作工艺。

三、国家和身份的象征

世界上其他国家的青铜器大多是武器，而我国的青铜器中数量最多、体形最大的却是礼器。这是因为，当时的统治者认为，青铜礼器尤其像鼎之类的重器是社稷的象征，它的存亡就是国家的存亡。他们用以来祭祀天地祖先，宴会宾客、歌功颂德。世界上最大的司母戊大方鼎据说就是商王武丁的儿子为祭祀母亲而铸造的。

同时，青铜礼器在当时还是贵族身份和地位的象征，有着严格的组合形式，是什么级别就只能用相应规格的礼器。如果超越了规格就相当于犯法，要受惩罚的。

毛公鼎

四、优美的铭文

古人认为，青铜器十分牢固，长年不朽，可以永远流传。因此，就将重要的事项刻画或铸印在青铜器上。

比如在西周晚期，周王很想振兴国家，革除弊端，特别赐了大量财物给一个叫毛公的重臣，希望他忠心辅佐周王，以免遭丧国之祸。毛公为感谢周王，特意铸了一个大鼎记下了这件事，其中就有一段目前发现的最长的499字的铭文。这些铭文为我们研究当时的历史提供了最好的材料。

毛公鼎铭文

中国青铜器，是我们的祖先对人类物质文明的巨大贡献，在世界艺术史上占有着独特地位。

（撰稿:深圳福田景莲小学 文国峰）

对联

不知不觉我们五年级了,经过几年的累积，我们知道对联不仅仅是简单的平仄对仗，讲求韵律，而且它表现的内容同样广泛深远。在这一册的对联学习中，我们将学习经典长联、美文联、美韵联和美意联。本册对联中有表现大气雄迈，却又气定神闲的人生态度的；也有景、情、人融为一体，表现高雅韵致的；更有那生动活泼、妙趣灵动、对仗精工、顿挫和谐而且颇富哲理的。

学习对联可以帮助我们培养乐观自信、从容豁达、谦虚有礼的风度，树立正确而远大的志向。因此在熟诵中不仅仅要体验韵文的音律美感，更应体验文中所表现出来的深远意境。

17 经典长联

今日之东，明日之西，青山叠叠，绿水悠悠。走不尽楚峡秦关，填不满心潭欲壑。力兮项羽，智兮曹操，乌江赤壁空烦恼！忙什么？请诸君静坐片时，把寸心想前思后，得安闲处且安闲，莫放春秋佳日过。

这条路来，那条路去，风尘扰扰，驿站迢迢。带不去白璧黄金，留不住朱颜皓齿。富若石崇，贵若杨素，绿珠红拂终成梦！恨怎的？劝汝解下数文，沽一壶猜三度四，遇畅饮时姑畅饮，最难风雨故人来。

〔清〕宋　湘

岭南第一才子

嘉庆十年，皇帝做寿，翰林院要悬匾志庆，宋湘题联：“顺穆康宁，雍焉乾德嘉千古；治平熙泰，正是隆恩庆万年。”横书：“上大人。”这一对联把清朝几代皇帝的帝号串联起来，上朔顺治开国，紧接康熙、雍正、乾隆及嘉庆，将五朝皇帝帝号嵌入联中，配置得体，平仄协调，加上那潇洒传神的书法，使嘉庆皇帝龙颜大悦，点头赞许，即称宋湘为“岭南第一才子”。

作者宋湘，广东梅县人，人称“岭南第一才子”。此150字长联既大气磅礴，风神潇洒；既怀古雄奇，又宠辱不惊；既纵横千里，又安若泰山！作者以绝世文采，率意挥洒，笑看古往今来，云起云涌，花开花谢，表达出自己大气雄迈，却又气定神闲的人生态度。人生的最佳向往就是与心气相通的故人，一同畅饮，既超凡脱俗，又不清高难和，人生态度、人性情感跃然纸上。

 1. 我会自读、自吟，找同学一起诵读。

 2. 书写练习：照样子书写下面的文字。

今日之东，明日之西，青山叠叠，绿水悠悠。走不尽楚峡秦关，填不满心潭欲壑。

 3. 诗情画意显身手。（我可以涂画、作诗、写对联）

小牛钻山洞，尾巴在外；

18 美文联

草因地暖春先翠；燕为花忙暮不归。

〔清〕郑板桥

五千里秦树蜀山，我原过客；
一万顷荷花秋水，中有诗人。

〔清〕曾国藩

万千劫危楼尚存，问谁摘斗摩霄，目空今古；五百年故侯安在，使我倚栏看剑，泪洒英雄。

〔清〕李棣华

一水抱城西，烟霭有无，拄杖僧归苍茫外；群峰朝阁下，雨晴浓淡，倚栏人在画图中。

〔明〕杨　慎

杨慎对县令

明代杨慎是个大文学家，从小博览群书，能诗善文，被誉为神童。有一次，他在堰塘里游泳，县令路过，他不仅不回避还对着县令嘻嘻哈哈。县令看小孩子肆无忌惮，于是命人把他的衣服挂在一个古树上，并告诉杨慎："本县令出副对子，如果你能对得出，饶你不敬之罪！"县令刚念完上联："千年古树为衣架。"杨慎即对出："万里长江做澡盆。"县令叹服，后来，他们成了忘年之交。

郑板桥联切景切情，空灵清新。曾国藩联则纵横浩荡，把景、情、人、己融为一体，表现出高雅的韵致，读法为："五千里/秦树/蜀山，我原/过客；一万顷/荷花/秋水，中有/诗人。" 李棣华联语悠然，自然灵动。杨慎的对联犹如浓墨淡染的山水画，绮丽而清新。读此联，宛转悠扬，令人浮想联翩。

1. 我会自读、自吟，找同学一起诵读。

2. 书写练习：照样子书写下面的文字。

一水抱城西，烟霭有无，拄杖僧归苍莽外；

群峰朝阁下，雨晴浓淡，倚栏人在画图中。

3. 诗情画意显身手。（我可以涂画、作诗、写对联）

池中荷叶鱼儿伞；

19 美韵联

露花倒影柳三变；桂子飘香张九成。

〔南宋〕李清照

不设樊篱，恐风月被他拘束；
大开户牖，放江山入我襟怀。

〔清〕朱彝尊

下笔千言，正桂子香时，槐花黄后；出门一笑，看西湖月满，东浙潮来。

〔清〕阮　元

新月如弓，残月如弓，上弦弓，下弦弓；朝霞似锦，暮霞似锦，东川锦，西川锦。

〔明〕施　磐

霞锦对月弓

施磐是明朝才子，他出身穷苦，但是聪明且酷爱读书。有位老人认识张都宪，让施磐在张府私塾读书。张都宪见小孩聪明伶俐，就想考考他，于是指着天上的月亮说道："新月如弓，残月如弓，上弦弓，下弦弓。" 施磐想了一会儿，答出下联："朝霞似锦，暮霞似锦，东川锦，西川锦。"张都宪很高兴，答应免费让施磐在自己家的私塾读书。

李清照联中"露花倒影"是柳三变的词句，"桂子飘香"是张九成的文句，文句及其作者都对仗工稳，精妙绝伦。朱彝尊的对联寄意联外，内涵淳厚，联语节奏点鲜明，读来音韵优美，顿挫有力。阮元的联语切景切情，生动、隽永，读来节奏感强烈，很有气势。施磐的对联对得工整而巧妙，上下联四个分句句脚各用一个相同的"弓"和"锦"，排比而下，增强了楹联的声律美。

 1. 我会自读、自吟，找同学一起诵读。

2. 书写练习：照样子书写下面的文字。

不设樊篱，恐风月被他拘束；大开户牖，放江山入我襟怀。

3. 诗情画意显身手。（我可以涂画、作诗、写对联）

一曲高山，一曲流水，千载传佳话；

20 美意联

每闻善事心先喜，得见奇书手自抄。

〔明〕祝允明

读书好，耕田好，学好便好；创业难，守成难，知难不难。

〔清〕吴敬梓

晚生待爹娘，何日能百种关怀十分孝敬？父母育儿女，几曾有一时大意半点私心？

〔清〕李继贤

齐家治国平天下，信斯言也，布在方策；率性修道致中和，得其门者，譬之宫墙。

〔清〕乾　隆

巧题寿联

相传乾隆五十年，乾隆皇帝在“乾清宫”举行千叟宴。宴会中，有一位高寿141岁的老者。激动的乾隆当即出了个上联：“花甲重逢，增加三七岁月。”花甲是60岁，花甲重逢为两个花甲，是120岁，“三七岁月”为21岁，加起来正好141岁。当时的大学士纪晓岚随即对出下联：“古稀双庆，更多一度春秋。”古稀是70岁，双庆是140岁，加上一度春秋，也是141岁。

祝允明联充分表现了作者为人处世，修身治学的进取精神。吴敬梓联见解独具，将学问、做人与政治视为一体，颇富哲理。联句对仗工整，由于“好”与“难”的反复回环运用，使得此联音韵优美。李继贤联语上下两问，形成鲜明对比，发人深省。乾隆联中的上联“齐家治国平天下”和下联“率性修道致中和”分别为儒家的政治思想与道德标准，以儒家经典组成联语，是一副集句联，边读边思，意蕴深长。

 1. 我会自读、自吟，找同学一起诵读。

2. 书写练习：照样子书写下面的文字。

晚生待爹娘，何日能百种关怀十分孝敬？

父母育儿女，几曾有一时大意半点私心？

3. 诗情画意显身手。（我可以涂画、作诗、写对联）

千朵红莲三尺水；

中国古代的音乐文化

小朋友，你喜欢听音乐吗？中国素来被称为“礼乐之邦”，据考古发现，中国音乐可追溯至7000多年前呢。古代音乐在人格养成、文化生活和国家礼仪方面有着很重要的地位。今天我们就来了解一下中国古代的音乐文化。

一、与“诗歌”密不可分

孔子提出了“兴于诗，立于礼，成于乐”的学习步骤。

中国古代“诗歌”是不分的，也就是说文学和音乐是紧密相联系的。我们知道现存最早的诗歌总集是《诗经》，其中的诗篇当时都是配有曲调，为人民大众口头传唱的。

这个传统一直延续下去，比如汉乐府诗、唐诗、宋词当时也都能歌唱。甚至到了今天，也有流行音乐家为古诗谱曲演唱，如《水调歌头》就是一首广为传唱的流行歌曲。

二、古代乐理

从乐理上讲，中国古代音乐属于“五声音阶”体系。宫（gōng）、商（shāng）、角（jué）、徵（zhǐ）、羽（yǔ）是中国古乐五个基本音阶，分别相当于西乐的Do（宫）、Re（商）、Mi（角）、Sol（徵）、La（羽）。关于“宫商角徵羽”这五个名称的来历，有不同的说法。古代的音乐著作《乐记》中的说法为：宫为君，商为臣，角为民，徵为事，羽为物。

伯牙听琴图

三、著名乐器和乐曲

古琴。古琴最初是五弦，到了周代发展为七弦。先秦时期，古琴除用于郊庙祭祀、朝会、典礼等雅乐外，主要在士以上的阶层中流行，秦以后盛行于民间。著名的琴曲有《广陵散》、《高山》、《流水》等。

编钟。编钟是中国古代的一种打击乐器，用青铜铸成，它由大小不同的扁圆钟按照音调高低的次序排列起来，悬挂在一个巨大的钟架上，因为每个钟的音调不同，按照音谱敲打，可以演奏出美妙的乐曲。古代的编钟多用于宫廷的演奏，在民间很少流传。

古筝。古筝又名“秦筝”，发音清脆悦耳，如山泉流畅。按五声音阶定弦，极具中国民族特色。古筝是我国古老的弹拨乐器之一，至今已有两千多年的历史，传统的独奏曲中有《渔樵问答》、《寒鸦戏水》、《锦上花》、《渔舟唱晚》

琵琶

琵琶。琵琶被称为“民乐之王”、“弹拨乐器之王”，已经有两千多年的历史。演奏时竖抱，左手按弦，右手五指弹奏。代表作品有《十面埋伏》、《昭君怨》等。

其他著名的乐器还有扬琴、二胡、阮、柳琴、笙、箫、笛等，有兴趣的同学可以查阅相关资料进行了解。

（撰稿：北大附属实验学校 胡汉丽）

附录：亲子共读

我能将这段诗文的大意或典故讲给家长听。（涂红花朵表示）

第1课　家长评一评：很好　好　须努力

第2课　家长评一评：很好　好　须努力

第3课　家长评一评：很好　好　须努力

第4课　家长评一评：很好　好　须努力

第5课　家长评一评：很好　好　须努力

第6课　家长评一评：很好　好　须努力

第7课　家长评一评：很好　好　须努力

第8课　家长评一评：很好　好　须努力

第9课　家长评一评：很好　好　须努力

第10课　家长评一评：很好　好　须努力

第11课　家长评一评：很好　好　须努力

第12课　家长评一评：很好　好　须努力

第13课　家长评一评：很好　好　须努力

第14课　家长评一评：很好　好　须努力

第15课　家长评一评：很好　好　须努力

第16课　家长评一评：很好　好　须努力

第17课　家长评一评：很好　好　须努力

第18课　家长评一评：很好　好　须努力

第19课　家长评一评：很好　好　须努力

第20课　家长评一评：很好　好　须努力

图书在版编目(CIP)数据

中华国学课本.第9册/张庆华主编.—北京:中华书局,2013.9
(2014.3重印)
(中华诵·经典素读教程系列)
ISBN 978-7-101-09620-0

Ⅰ.中… Ⅱ.张… Ⅲ.中华文化-小学-教学参考资料
Ⅳ.G624.233

中国版本图书馆CIP数据核字(2013)第210635号

书　　名　中华国学课本　第九册
主　　编　张庆华
丛 书 名　中华诵·经典素读教程系列
责任编辑　祝安顺
出版发行　中华书局
(北京市丰台区太平桥西里38号　100073)
http://www.zhbc.com.cn
E-mail:zhbc@zhbc.com.cn
印　　刷　北京瑞古冠中印刷厂
版　　次　2013年9月北京第1版
2014年3月北京第2次印刷
规　　格　开本/889×1194毫米　1/16
印张5¼　字数16千字
印　　数　5001-10000册
国际书号　ISBN 978-7-101-09620-0
定　　价　18.00元
